ANGELINA PAUSTIAN

KOCHEN WIE IN MANGA UND ANIME

# MANGA
## KOCHBUCH
### JAPANISCH

avBUCH

# KONNICHIWA
## FREUNDE DER JAPANISCHEN KULTUR

Welcher Manga-Fan hat nicht schon davon geträumt: seinen eigenen Manga zu zeichnen und zu kolorieren. Auf dem Weg dahin unterstützen wir, Manga Hamburg, Schülerinnen und Schüler verschiedener Altersgruppen bei der Verwirklichung dieses Traumes. Dabei könnt ihr in unseren Räumlichkeiten in Hamburg und Neuss-Düsseldorf mit professionellem Equipment und individueller Betreuung eure Manga-Zeichenskills verbessern und eure Ideen umsetzen.

Wir freuen uns sehr, dass der illustratorische Teil dieses schönen Kochbuchs uns anvertraut wurde. Für die grossartige Zusammenarbeit möchten wir uns bei allen bedanken, die an der Realisierung dieses Projekts mitgewirkt haben. Die Gestaltung hat uns viel Spass bereitet und inspiriert einige von euch vielleicht ja sogar selbst zum Zeichnen eigener Mangafiguren. Wir hoffen, dass euch das Ergebnis gefällt und wünschen viel Freude beim Lesen, Nach-kochen und natürlich Geniessen der japanischen Köstlichkeiten!

Euer Manga Hamburg Team

**HAUPT-ILLUSTRATORIN**
**MARIAM TAHERPOUR**
DOZENTIN - MANGA HAMBURG

**ILLUSTRATION**
**PHILIPP PERBAND**
CEO - MANGA HAMBURG

**ASSISTENTEN TEAM**
AMARA FELLTA
MIKA WALLNER
JUNI SCHLEMMERMEYER

**EINEN DANK AUCH AN**
PETER DIRKING

# IMPRESSUM

**avBUCH im CADMOS Verlag**

Copyright © 2015 avBUCH im Cadmos Verlag GmbH, München
5. Auflage 2019

Titelgestaltung: Manga Hamburg, Hantsch PrePress Services OG, Wien
Layout und Satz: Hantsch PrePress Services OG, Wien
Titelfoto: Ulrich Hantsch
Fotos im Innenteil: Ulrich Hantsch
Illustrationen im Innenteil: Manga Hamburg
Lektorat: Antje Seidel für trans texas publishing services GmbH, Köln
Druck: Himmer GmbH Druckerei und Verlag, Augsburg, www.himmer.de

Für die Richtigkeit der Angaben wird trotz sorgfältiger Recherche keine Haftung übernommen.

Der Verlag und die Autorin übernehmen keinerlei Haftung für Beschwerden, die sich durch Anwendung der Rezepte ergeben, und übernehmen auch keinerlei Verantwortung für medizinische Forderungen.

Der Verlag dankt Frau Balkow, Kleiner Japanladen, für die freundliche Leihgabe von japanischem Geschirr – **www.kleiner-japan-laden.de**

Deutsche Nationalbibliothek – CIP-Einheitsaufnahme

Die Deutsche Nationalbibliothek verzeichnet diese Publikation in der Deutschen Nationalbibliografie; detaillierte bibliografische Daten sind im Internet über http://dnb.ddb.de abrufbar.

Alle Rechte vorbehalten.

Abdruck oder Speicherung in elektronischen Medien nur nach vorheriger schriftlicher Genehmigung durch den Verlag.

Printed in Germany

ISBN 978-3-8404-7035-6

# INHALT

Zutaten für die japanische Küche ......... 6
Wo bekomme ich japanische Zutaten ..... 10
Wie esse ich mit Stäbchen? ............. 11

**Nudelsuppen** .................. 14
Gyūniku udon ...................... 16
Karē udon ......................... 18
Miso shiru ........................ 20
Shōyu rāmen ....................... 22
Miso rāmen ........................ 24

**Hauptgerichte** ................. 26
Gohan ............................. 28
Oyakodon .......................... 30
Hayashi raisu ..................... 32
Hiroshima-fū okonomiyaki .......... 34
Nikujaga .......................... 36
Oishii yasai ...................... 38
Omuraisu .......................... 40
Miso no sāmon ..................... 42
Sukiyaki .......................... 44

**Sushi** ......................... 46
Shari ............................. 48
Chirashi-zushi .................... 50
Norimaki .......................... 52
Uramaki ........................... 54

**Snacks** ........................ 56
Furikake .......................... 58
Onigiri ........................... 60
Rāmen bāgā ........................ 62
Takoyaki .......................... 64
Ebi tempura ....................... 66
Yakisoba pan ...................... 68
Yakitori .......................... 70

**Süßspeisen** .................... 72
Ai no hi no chokko ................ 74
Amai zushi ........................ 76
Kurepu ............................ 78
Ichigo kēki ....................... 80
Kawaii kukkī ...................... 82
Kuro no aisukurīmu ................ 84
Matcha pudingu .................... 86
Meron pan ......................... 88
Mochi ............................. 90
Amai sando-ichi ................... 92
Taiyaki ........................... 94

Register .......................... 96

# Zutaten für die japanische Küche

Um die japanische Küche in den eigenen vier Wänden genießen zu können, sind ein paar japanische Zutaten unerlässlich.

Diese Warenkunde erleichtert den Einkauf im Asiamarkt oder Internethandel.

### Aonori
Diese Art von Nori besteht aus sehr feinen Noristücken und wird zumeist als Topping und Würze für verschiedene Gerichten genutzt. Alternativ kann man auch ein großes Noriblatt mit einer Schere möglichst klein schneiden.

### Sushinori
Sushinori sind getrocknete Algenblätter mit der Größe 21 cm × 18 cm. Es gibt sie je nach Geschmack und verwendeter Algenart in verschiedenen Sorten.

### Shirataki/Konnyaku
Shirataki oder Konnyaku sind Speisen aus der Konjakwurzel und haben null Kalorien. Sie sind in Nudelform oder im Block erhältlich.

### Wakame
Wakame ist Riesenblättertang, der an den Küsten Nordjapans gesammelt und getrocknet oder gesalzen verarbeitet wird. Wakame ist reich an Mineralstoffen und intensiviert den Geschmack der Speisen auf natürlichem Weg. Er eignet sich für Suppen und Salate.

### Dashipulver
Dashipulver ist die Grundlage für die meisten Gerichte in der japanischen Küche und ist vergleichbar mit unserer Brühe. Dashipulver besteht vor allem aus Bonito-Thunfisch und Algen.

### Mie-Nudeln
Mie werden in Form von Nudelnestern – jeweils 4–6 Nester pro Packung – verkauft. Sie sind sehr schnell in heißem Wasser zubereitet. Mittlerweile sind sie auch in der Asienabteilung vieler Supermärkte erhältlich.

### Instant-Yakisoba-Nudeln
Yakisoba sind gebratene Nudeln mit einem charakteristischen Geschmack. Als Instantnudeln werden sie wie getrocknete Nudelsuppen portionsweise abgepackt verkauft.

### Wasabi
Wasabi ist eine grüne Meerrettich-Wurzelknolle und bekannt für seine hellgrüne Farbe und Schärfe. Er wird gerieben in Tuben oder als Pulver, das mit Wasser verdünnt wird, im Handel angeboten.

### Udon-Nudeln
Udon sind dicke Weizenmehlnudeln, die in hiesigen Asiamärkten in zwei Varianten angeboten werden. Und zwar getrocknet – dann sind sie breit und flach – oder vorgekocht – dann sind sie dick und rund in Folie vakuumiert.

### Shiitake-Pilze
Diese aromatischen Pilze sind in China und Japan sehr beliebt und wachsen an Bäumen. Sie sind getrocknet oder tiefgekühlt erhältlich. Wir empfehlen die Tiefkühlvariante, da diese viel mehr Aroma hat.

### Beni Shoga/Gari
Beni Shoga und Gari sind zwei verschiedene Arten von eingelegtem Ingwer. Gari wird meist zu Sushi gegessen und ist in Deutschland leichter zu bekommen (u.a. auch im gut sortierten Supermarkt) als Beni Shoga.

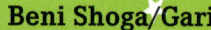

### Tofu
Tofu besteht aus Sojabohnen, die Herstellung ähnelt der von Käse. Es gibt verschiedene Tofuarten, besonders häufig wird Seidentofu verwendet. Dieser ist sehr weich und hat keine Poren. Naturtofu gibt es inzwischen in vielen Supermärkten.

### Matcha
Matcha ist ein grüner Tee, der als sehr fein gemahlenes Pulver erhältlich ist. Dieser Tee wird in Japan vor allem in der traditionellen Teezeremonie oder in Desserts verwendet. Er ist in gut sortierten Teegeschäften erhältlich.

### Okonomiyakisoße
Diese Würzsoße besteht aus verschiedenen Gewürzen und ist in Japan sehr beliebt. Sie verleiht vielen Gerichten den echten japanischen Geschmack. Notfalls kann sie durch Worcestersoße ersetzt werden.

### Takuwan
Dieser eingelegte gelbe Rettich wird in Japan sehr vielseitig verwendet. Zum einen als Tsukemono, also als Beilage zum Essen, zum anderen in Sushi. Der Rettich sollte nach dem Öffnen luftdicht verschlossen im Kühlschrank aufbewahrt werden.

### Sliced Beef/Rindfleisch
ist hauchdünn geschnitten und wird meist nur kurz gegart. Es besteht aus durchwachsenen Stücken (z. B. Entrecôte), die man am besten beim Fleischer als Minutensteaks oder so dünn wie Schinken aufschneiden lässt. Im Asiamarkt wird es unter dem Namen „Sliced Beef" angeboten.

### Schwarzes Sesampulver
Sesampulver besteht aus gemahlener schwarzer Sesamsaat. Man kann das Pulver in einer Gewürzmühle selbst mahlen oder auch fertig kaufen.

### Koshi-an
Koshi-an ist eine rote Bohnenpaste, die aus der Azukibohnen hergestellt wird und häufig in Süßspeisen verarbeitet wird. Sie hat einen recht süßen Geschmack und ist sehr klebrig.

### Kakaobutter (zum Verzehr)
Kakaobutter ist der pflanzliche Fettanteil der Kakaopflanze. Die Butter ist in der Apotheke (Achtung, nach „zum Verzehr geeigneter Kakaobutter" fragen) oder im Biomarkt erhältlich, wo sie deutlich günstiger ist.

### Currywürfel
Currygerichte werden in Japan gern gegessen. Basis dafür ist eine in Japan entwickelte Currymischung, die in Blockform erhältlich ist. Dabei gibt es die Geschmackssorten mild, mittel und scharf.

### Mirin
Dies ist ein süßer Kochreiswein, der zum Würzen von japanischen Speisen unerlässlich ist. Mirin enthält meist 14 Vol.-% Alkohol und besteht aus Klebreis und destilliertem Alkohol.

### Narutomaki
Narutomaki, ist eine Art Fischkuchen, meist in Form eines länglichen weißen Stücks. Er besteht aus gepresstem Fischeiweiß, bzw. Surimi und hat innen eine weiß-pinke Farbe. Typisch für Narutomaki ist die pinke Spirale im weißen, inneren Fleisch. Narutomaki wird vor allem zu Ramen serviert. In Deutschland ist diese Spezialität meist tiefgekühlt erhältlich.

### Klebreismehl und Reismehl
Klebreismehl wird in der japanischen Küche oft in Desserts verwendet und sorgt für Festigkeit. Beide Mehlsorten sind glutenfrei.

### Miso
Misopaste besteht aus Sojabohnen, Reis, Salz und einer Pilzkultur. Alles zusammen wird längere Zeit vergoren. Die zwei Hauptarten sind dunkle und helle Misopaste. Die hellere Paste ist etwas milder im Geschmack als die rote und wird gern in der Region um Kyoto verzehrt. Nach dem Öffnen in eine Dose mit Deckel umfüllen. Im Kühlschrank aufbewahrt, hält sich Misopaste mehrere Wochen.

### Sake
Sake ist japanischer Reiswein mit ca. 14 Vol.-% Alkohol, der als Würze eingesetzt wird. Der Alkohol verdampft beim Garen. Guter Sake findet nicht nur in der Küche Verwendung, er wird auch heiß oder kalt getrunken.

## Wo bekomme ich japanische Zutaten?

Japanische Zutaten gehören mittlerweile zum Standardsortiment von Asiamärkten, auch in der Asienabteilung eines gut sortierten Supermarkts sind sie oft erhältlich.

Im Internet gibt es zudem eine große Auswahl an Anbietern, die viele japanische Lebensmittel und Zutaten verkaufen, hier eine kleine Auswahl von guten Bezugsquellen.

WWW.ASIATASTY.DE
WWW.DAE-YANG.DE
WWW.INSIDERASIA.DE
WWW.JAPAN-FEINKOST.DE
WWW.JAPAN-LEBENSMITTEL.DE
WWW.SPICEWORLD.AT

## Su
Der helle Reisessig wird mittlerweile in jedem Supermarkt mit Asienabteilung angeboten. Er ist eine wichtige Grundlage für die Sushizubereitung und viele Dressings.

## Sushilachs
Sushilachs ist besonders frischer Lachs von gehobener Qualität. Er sollte immer beim Fischhändler gekauft und am selben Tag gegessen werden.

## Sushireis
Rundkornreis, der in Deutschland auf dem Etikett die Bezeichnung „Sushireis" hat, wird in Japan meist als alltäglicher Reis benutzt. Die Körner von Sushireis sind etwas kleiner als die herkömmlicher Reissorten, die aber auch verwendet werden können.

## Tonkatsusoße
Diese würzige Soße besteht aus Gemüse und Früchten und hat einen sehr eigenen Geschmack. Sie wird besonders gern zu Schnitzel und anderen gebratenen Speisen sowie zu Gegrilltem gegessen.

## Wassermelonensaft
Diesen Saft gibt es in Asiamärkten oder im Internet. Er schmeckt sehr intensiv nach Wassermelone, ist süß und fruchtig.

# WIE ESSE ICH MIT STÄBCHEN?

Das Essen mit Stäbchen ist am Anfang etwas schwierig, aber mit ein bisschen Übung wird es schnell gelingen.

SO BITTE NICHT ;-)

**1** Nimm das erste Stäbchen auf und lege es zwischen Daumenbeuge und vorderen Teil des Ringfingers. Dabei zeigt das dicke Ende des Stäbchens zum Körper hin und das dünne Ende in Richtung Speise.

Drück mit dem Daumen gegen das Stäbchen, sodass es am oberen Teil fest ist und nicht wegrutscht.

1

**2** Nimm nun das zweite Stäbchen auf und lege es zwischen Daumenspitze und Zeigefinger. Das dicke Ende des Stäbchens zeigt dabei wieder in Richtung Körper und das dünne Ende in Richtung Speise.

Fixiere das Stäbchen, indem du Zeige- und Mittelfinger auf die Oberseite des zweiten Stäbchens legst.

2

**3** Bewege den Zeige- und Mittelfinger. Dadurch bewegt sich nur das obere Stäbchen, sodass die Leckereien zwischen den beiden Stäbchen eingeklemmt und zum Mund geführt werden können.

3

**av BUCH**

> NOCH MEHR LECKERE JAPANISCHE REZEPTE KANNST DU HIER FINDEN!

Für alle, die noch mehr Japan in ihren eigenen vier Wänden haben möchten, gibt es **weitere Rezepte** in dem Buch „Koch dich japanisch!". Von der Jury des Gourmand Worldcookbook Awards wurde es **2013 zum besten Buch Deutschlands** in der Kategorie „Japanische Küche" gewählt. Darin enthalten sind Rezepte wie Tonkatsu, Gyoza, Butaman, Tamagoyaki und viele mehr.

# EINLEITUNG

Konnichiwa, ihr Lieben!

In diesem tollen Mangakochbuch zeigen euch Aya und Daisuke Schritt für Schritt die Kunst der japanischen Küche. So könnt auch ihr zu einem japanischen Meisterkoch werden!

Die leckeren Rezepte sind einfach und sowohl für Kocheinsteiger, als auch fortgeschrittene Köchinnen und Köche geeignet. Mit bekannten Speisen aus Manga und Anime, könnt auch ihr euch nun zu Hause ein wenig Japan-Flair zaubern. Also an die Töpfe, fertig, los! Und Itadakimasu!
("Guten Appetit" auf Japanisch)

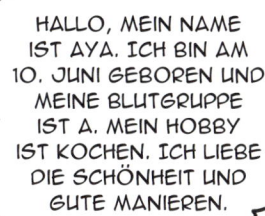

# NUDELSUPPEN

# GYŪNIKU UDON

## Udon-Nudeln mit Rindfleisch in Misobrühe

**Für 4 Personen**

4 Tiefkühl-Shiitake-Pilze, alternativ getrocknete
4 Packungen vorgekochte Udon-Nudeln (à 200 g), alternativ 400 g getrocknete
1 Karotte
1 Zwiebel
2 Blätter Chinakohl
300 g Rinderminutensteak (dünn geschnittenes Rindfleisch)
100 g frische Mungbohnensprossen
2 EL Pflanzenöl

**Brühe**

2 Liter Wasser
1 Tütchen Dashipulver (5 g)
3 EL helle Misopaste

**1** Die Pilze auftauen. Bei der Verwendung von getrockneten Pilzen, diese 1 Stunde in etwas heißem Wasser einweichen. Das Einweichwasser aufbewahren. Getrocknete Udon nach Packungsanweisung garen.

**2** Die aufgetauten Pilze in Scheiben schneiden. Eingeweichte abtropfen. So viel Wasser wie möglich ausdrücken, dann erst in Scheiben schneiden. Karotte und Zwiebel schälen. Anschließend die Karotte in Stifte, die Zwiebel in Halbringe und den Chinakohl in Streifen schneiden. Das Rindfleisch in mundgerechte Stücke zerteilen und die Sprossen in einem Sieb abspülen.

**3** Das Öl in einer Pfanne auf mittlerer Stufe erhitzen. Das Rindfleisch darin braten, bis es gar ist, dann beiseitestellen.

**4** Für die Brühe das Wasser in einem großen Topf zum Kochen bringen. Dashipulver und Misopaste einrühren. Sobald sich die Misopaste aufgelöst hat, Gemüse und Pilze samt Einweichwasser hinzugeben und alles 2 Minuten köcheln lassen. Die vorgekochten Udon-Nudeln in den Topf geben und 2 Minuten mitkochen.

**5** Die Nudel-Gemüse-Suppe gleichmäßig auf vier große Schalen verteilen und das Rindfleisch darauf anrichten. Sofort heiß servieren.

牛肉うどん

# KARÉ UDON

## Udon-Nudeln in würziger Currysuppe

**Für 4 Personen**

- 4 Kartoffeln
- 2 Karotten
- 1 Zwiebel
- 300 g Rinderminutensteak (dünn geschnittenes Rindfleisch)
- 2 EL Pflanzenöl
- 800 ml Wasser
- 1 Block japanische Currywürfel (ca. 240 g), nach Geschmack mild, medium oder scharf
- 4 Packungen vorgekochte Udon-Nudeln (à 200 g), alternativ 400 g getrocknete
- Beni Shoga, zum Garnieren

 Kartoffeln und Karotten schälen und in mundgerechte Stücke schneiden. Die Zwiebel schälen und vierteln. Das Rindfleisch in mundgerechte Stücke zerteilen.

 In einem großen Topf 2 Esslöffel Öl auf hoher Stufe erhitzen und die Fleischstücke darin 1 Minute scharf anbraten. Dann Kartoffel-, Karotten- und Zwiebelstücke zugeben und 1 Minute weiterbraten.

 Die Mischung mit dem Wasser ablöschen. Die Hitze auf kleine Stufe stellen und alles 15 Minuten köcheln lassen. Dabei gelegentlich umrühren, damit am Boden nichts ansetzt.

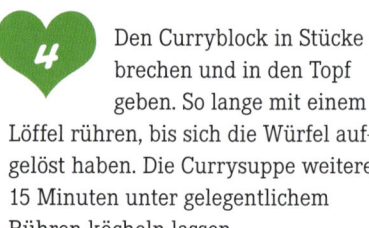 Den Currblock in Stücke brechen und in den Topf geben. So lange mit einem Löffel rühren, bis sich die Würfel aufgelöst haben. Die Currysuppe weitere 15 Minuten unter gelegentlichem Rühren köcheln lassen.

 Vorgekochte oder getrocknete Udon-Nudeln nach Packungsanleitung zubereiten. Die Nudeln auf vier Schüsseln verteilen und mit der Currysuppe begießen. Mit Beni Shoga garniert servieren.

> CURRY SCHMECKT AUCH SUPER MIT REIS ANSTELLE VON UDON-NUDELN. DABEI NUR 700 ML WASSER VERWENDEN.

カレーうどん

# MISO SHIRU

**Klassische Misosuppe mit frischem Gemüse und Tofuwürfeln**

**Für 4 Personen**

½ TL getrockneter Wakame
1 kleine Zwiebel
1 kleine Karotte
2 Blätter Chinakohl
200 g Seidentofu

**Brühe**
900 ml Wasser
1 Tütchen Dashipulver (5 g)
3 EL Misopaste
(hell oder dunkel)

**1** Den Wakame in etwas heißem Wasser 10 Minuten einweichen. Zwiebel und Karotte schälen. Die Zwiebel in Halbringe, die Karotte in Scheiben und den Chinakohl in Streifen schneiden.

**2** Für die Brühe das Wasser in einem Topf zum Kochen bringen. Dashipulver und Misopaste zugeben und so lange mit einem Löffel rühren, bis sich die Paste aufgelöst hat. Dann Gemüse und Wakame zufügen und 5 Minuten ganz leicht köcheln lassen.

**3** Den Tofu in kleine Würfel schneiden. Dazu den Tofu in die Hand nehmen und vorsichtig 3–4-mal horizontal und vertikal einschneiden. Die Tofuwürfel in die Suppe geben.

**4** Mit einer Kelle die Suppe in Misoschalen geben und möglichst heiß servieren.

> MISOSUPPE KANN MORGENS, MITTAGS UND ABENDS GEGESSEN WERDEN. DAZU PASSEN REIS, FISCH, FLEISCH UND GEMÜSE.

みそ汁

# SHŌYU RĀMEN

## Nudelsuppe im Sojasoßensud

**Für 4 Personen**

2 Eier
400 g Schweinefilet
100 g frische Mungbohnensprossen
2 EL Pflanzenöl
2 Knoblauchzehen
frische Ingwerwurzel (4 cm)
2 EL Sesamöl
800 ml Rinderbrühe
(2 gestrichene TL Rinderbrühegranulat in 800 ml Wasser aufgelöst)
1 Liter Wasser
1 Tütchen Dashipulver (5 g)
2 EL Sake
8 EL helle Sojasoße
4 Nester Mie-Nudeln
4 Frühlingszwiebeln
Salz und Pfeffer
Narutomaki, zum Garnieren (nach Belieben)

**1** Die Eier in kochendem Wasser nach Geschmack 6–8 Minuten hart kochen. Abkühlen lassen, pellen und halbieren. Das Schweinefilet in 16 gleich dicke Scheiben schneiden und mit Salz und Pfeffer würzen. Die Mungbohnensprossen in einem Sieb abspülen, abtropfen und trocken tupfen.

**2** In einer vorgewärmten Pfanne 2 Esslöffel Pflanzenöl auf mittlerer Stufe erhitzen und die Fleischscheiben darin von beiden Seiten gar braten. Aus der Pfanne nehmen und beiseitestellen. Die Sprossen in die Pfanne geben und braten, bis sie glasig sind. Beiseitestellen.

**3** Knoblauch und Ingwer schälen und hacken. In einem großen Topf das Sesamöl erhitzen. Ingwer und Knoblauch darin dünsten, bis alles anfängt zu duften. Rinderbrühe, Wasser, Dashipulver, Sake und Sojasoße hinzugeben und alles zum Kochen bringen.

**4** Die Nudeln in die kochende Brühe geben und nach Packungsanleitung gar kochen. Inzwischen die Frühlingszwiebeln in Ringe schneiden. Die Nudelsuppe auf vier große Schalen verteilen. Auf jeder Suppe 4 Stücke Fleisch, 1 Eihälfte, Mungbohnensprossen, Frühlingszwiebeln und, falls erhältlich, Narutomaki anrichten.

DURCH DAS SESAMÖL ERHÄLT DIE BRÜHE EINEN SCHÖNEN GESCHMACK – UND DAS GEWISSE ETWAS.

しょうゆラーメン

# MISO RĀMEN

## Nudelsuppe mit Misobrühe

**Für 4 Personen**

350 g Hähnchenfleisch
2 EL Pflanzenöl
2 Eier
10 g Ingwer
2 Knoblauchzehen
½ TL getrockneter Wakame
1 EL Sesamöl
1,5 Liter Hühnerbrühe
3 EL helle Misopaste
1 EL helle Sojasoße
1 EL Sake
4 Nester Mie-Nudeln

**Zum Garnieren**

1 Dose Mais, abgegossen und abgetropft
4 Frühlingszwiebeln
Narutomaki (nach Belieben)

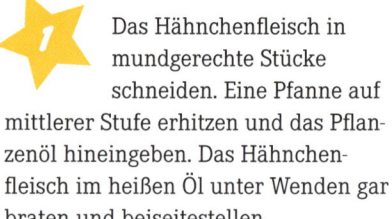

ANSTELLE VON WAKAME KANN MAN AUCH SPINAT NEHMEN.

1. Das Hähnchenfleisch in mundgerechte Stücke schneiden. Eine Pfanne auf mittlerer Stufe erhitzen und das Pflanzenöl hineingeben. Das Hähnchenfleisch im heißen Öl unter Wenden gar braten und beiseitestellen.

2. Die Eier in kochendem Wasser nach Geschmack 6–8 Minuten hart kochen. Abkühlen lassen, pellen und halbieren.

3. Ingwer und Knoblauch schälen und hacken. Den Wakame in etwas heißem Wasser 10 Minuten einweichen.

4. Das Sesamöl in einem Topf erhitzen. Ingwer und Knoblauch darin dünsten, bis alles anfängt zu duften. Brühe, Misopaste, Sojasoße und Sake hinzugeben und alles zum Kochen bringen.

5. Die Nudeln in das kochende Wasser geben und nach Packungsanleitung gar kochen. Inzwischen die Frühlingszwiebeln in feine Ringe schneiden.

6. Die Nudelsuppe auf vier große Schalen verteilen. Jede Suppe mit Hähnchenfleisch, eine Eihälfte, Mais, Frühlingszwiebeln, Wakame und, falls erhältlich, Narutomaki belegen und servieren.

みそラーメン

# HAUPTGERICHTE

## Klassischer japanischer Reis für jede Tageszeit

**Ergibt 4 Reisportionen**

300 g Sushireis
500 ml Wasser

REIS WIRD IN JAPAN ZU FAST JEDEM GERICHT GEREICHT. ABER MAN KANN IHN AUCH ALS HAUPTGERICHT ESSEN. DANN MIT SCHWARZEN SESAMKÖRNERN ODER FURIKAKE (SIEHE SEITE 58) BESTREUEN. DAZU PASST IN STIFTE GESCHNITTENER EINGELEGTER GELBER RETTICH (TAKUWAN, SIEHE SEITE 9).

 Den Reis in eine große Schüssel füllen und waschen. Dazu frisches Wasser in die Schüssel einfüllen und mit einem Schneebesen mehrmals umrühren. Das Wasser vorsichtig abgießen, sodass kein Reiskorn weggespült wird. Dann erneut Wasser in die Schüssel füllen und den Reis waschen. Diesen Vorgang mindestens 6–7 Mal wiederholen, bis das Wasser beim Abgießen fast klar ist.

### Im Reiskocher

 Den gewaschenen Reis in den Reiskocher füllen und 500 ml Wasser dazugeben. Den Reiskocher auf „kochen" stellen.

 Wenn die Kontrollleuchte „Kochen" ausgeht und auf „Warmhalten" umspringt (das variiert je nach Modell), den Reis durchrühren. Den Deckel wieder auflegen.

### Im Topf

 Den gewaschenen Reis mit 500 ml Wasser in einen Topf füllen. Das Wasser bei mittlerer Hitze langsam zum Kochen bringen und ein paar Minuten kochen lassen. Den Herd auf sehr kleine Stufe stellen und den Deckel aufsetzen. Um den Wasserdampf aufzusaugen, kann man unter den Deckel zusätzlich ein sauberes Geschirrtuch legen.

 So lange bei sehr kleiner Hitze ziehen lassen, bis das ganze Wasser aufgesogen ist. Dabei gelegentlich rühren, damit der Reis nicht anbrennt.

ACHTUNG, WENN DER REIS AM TOPFBODEN STARK ANSETZT, SCHMECKT DER GANZE REIS VERBRANNT!

ごはん

# OYAKODON

### Eltern-Kind-Schüssel

**Für 4 Personen**

3 Zwiebeln
600 g Hähnchenbrustfilet
300 g Sushireis
500 ml Wasser
8 Eier
3 EL Pflanzenöl
125 ml Wasser
½ TL Dashipulver
4 EL Mirin
4 EL Sake
2 EL helle Sojasoße
1 EL Zucker
4 Frühlingszwiebeln, zum Garnieren

**1** Die Zwiebeln schälen und in Halbringe schneiden, das Hähnchenbrustfilet in mundgerechte Stücke zerteilen. Den Reis nach Anleitung (siehe Seite 28) zubereiten und warm halten.

**2** Eine Pfanne erhitzen. Die Zwiebeln mit dem Öl in die Pfanne geben und bei mittlerer Hitze unter gelegentlichem Rühren braten, bis sie glasig sind. Die Zwiebeln an den Pfannenrand schieben, das Fleisch zugeben und 2 Minuten braten. Das Fleisch und die Zwiebeln vermischen.

**3** Die Frühlingszwiebeln in Ringe schneiden. Wasser, Dashipulver, Mirin, Sake, Sojasoße und Zucker in die Pfanne geben und zum Kochen bringen. Bei starker Hitze so lange einkochen, bis nur noch die Hälfte der Flüssigkeit in der Pfanne ist. Die Eier in einer Schüssel verquirlen und in die Pfanne gießen. Gut mit der Soße vermischen. So lange kochen, bis die Eier gestockt sind.

**4** Den Reis in vier Schüsseln geben und die Eimischung gleichmäßig auf die Reisschalen verteilen. Sofort mit Frühlingszwiebelringen garniert servieren.

> DAS GERICHT HEISST ELTERN-KIND-SCHÜSSEL, DA MIT HUHN UND EI GEKOCHT WIRD.

親子丼

# HAYASHI RAISU

## Gemüse und Rindfleisch in würziger Tomaten-Rotwein-Soße

**Für 4 Personen**

2 Karotten
1 Zwiebel
250 g Champignons
300 g Rinderminutensteak
(dünn geschnittenes Rindfleisch)
50 g Butter
1 Knoblauchzehe, gehackt
1 EL Mehl
150 ml Rotwein
250 ml Bratensaft
(aus Instant-Bratensaftgranulat
oder -würfel)
2 EL Tomatenketchup
1 TL Zucker
200 g gehackte Tomaten
aus der Dose
1 Lorbeerblatt
je 1 EL helle Sojasoße
und Austernsoße

 **1** Karotten und Zwiebel schälen, die Champignons putzen. Karotten und Champignons in Scheiben und die Zwiebeln in Halbringe scheiden. Das Fleisch in mundgerechte Stücke zerteilen. 25 g Butter in einer heißen Pfanne zerlassen und die Fleischstücke darin anbraten. Das Rindfleisch in eine Schüssel geben und beiseitestellen.

 **2** Die restliche Butter in der Pfanne zerlassen und Zwiebel, Knoblauch und Karotten darin anbraten. Das Mehl einrühren. Mit Rotwein und Bratensaft ablöschen. Ketchup, Fleisch, Champignons und Zucker hinzufügen und alles 5 Minuten bei mittlerer Hitze köcheln lassen.

 **3** Tomaten, Lorbeerblatt, Soja- und Austernsoße in die Pfanne geben und alles 10 weitere Minuten bei starker Hitze köcheln lassen. Dabei gelegentlich umrühren. Das Lorbeerblatt herausnehmen und mit Reis servieren.

> VEGETARIER KÖNNEN ANSTELLE VON RINDFLEISCH GEBRATENEN TOFU VERWENDEN.

ハヤシライス

# HIROSHIMA-FÛ OKONOMIYAKI

**Japanischer Pfannkuchen nach Hiroshimaart mit Nudeln**

**Für 4 Personen**

- 200 g Weißkohl
- 27 g Chips mit Salzgeschmack
- 100 g frische Mungbohnensprossen
- 2 Nester Mie-Nudeln
- 300 g Mehl
- 6 Eier
- Pflanzenöl, zum Braten
- 8 Baconstreifen
- 12 EL Okonomiyakisoße
- 2 EL Tomatenketchup
- 2 EL helle Sojasoße
- Mayonnaise (nach Geschmack)
- Frühlingszwiebelringe, zum Garnieren

**1** Den Kohl in dünne, kurze Streifen schneiden, die Chips zerkrümeln. Die Mungbohnensprossen in einem Sieb abspülen und trocken tupfen. Die Nudelnester in einer großen Schüssel mit kochendem Wasser begießen, abdecken und mindestens 4 Minuten ziehen lassen. Das Wasser abgießen.

**2** Mehl, 400 ml Wasser und 2 Eier zu einem Teig verrühren. Eine kleine Pfanne erhitzen und 1 Esslöffel Pflanzenöl hineingeben. Bei geringer Hitze mit einem Schöpflöffel eine kleine Menge Teig in die Pfanne geben und zu einem runden Pfannkuchen verstreichen. Darauf je ein Viertel von Kohlstreifen, Chipskrümeln und Bohnensprossen sowie 2 Baconstreifen geben. Darauf einen weiteren Schöpflöffel Teig geben und 5 Minuten bei kleiner Hitze braten. Mit zwei Pfannenwendern wenden und weitere 5 Minuten braten.

**3** Inzwischen die Nudeln in einer zweiten Pfanne zubereiten. Dazu Nudeln, 8 Esslöffel Okonomiyakisoße, Tomatenketchup und Sojasoße in eine Pfanne geben und anbraten. Die Nudelmischung herausheben und in 4 Portionen aufteilen.

**4** Den fertigen Pfannkuchen mit einem Pfannenwender vorsichtig flach drücken. Eine Portion Nudeln in der Größe des Pfannkuchens in die Nudelpfanne geben. Den Pfannkuchen auf die Nudeln setzen.

**5** In einer weiteren Pfanne ein Ei aufschlagen und ein Spiegelei zubereiten. Den Nudelpfannkuchen mit den Nudeln nach unten auf das Ei setzen. Dann alles mit den Pfannenwendern vorsichtig umdrehen. Den fertigen Pfannkuchen auf einen Teller heben und im auf 80 °C vorgeheizten Backofen warm halten.

**6** Zum Servieren jeden Pfannkuchen auf der Eiseite mit 1 Esslöffel Okonomiyakisoße und Mayonnaise nach Geschmack bestreichen und mit Frühlingszwiebelringen garnieren.

広島風お好み焼き

# NIKUJAGA

## Hausgemachter japanischer Eintopf

**Für 4 Personen**

600 g Kartoffeln
1 Zwiebel
400 g Rinderminutensteak
(dünn geschnittenes Rindfleisch)
2 EL Öl
800 ml Wasser
1 Tütchen Dashipulver (5 g)
4 EL Sake
4 EL Zucker
2 EL Mirin
5 EL helle Sojasoße

**1** Kartoffeln und Zwiebel schälen und wie das Fleisch in mundgerechte Stücke schneiden. Das Öl in einem Topf erhitzen und das Fleisch darin 1 Minute anbraten. Dann Kartoffeln und Zwiebel zugeben und 1 Minute mitbraten.

**2** Wasser, Dashipulver, Sake, Zucker, Mirin und Sojasoße zufügen und alles aufkochen lassen. Den Eintopf 20 Minuten auf mittlerer Hitze köcheln lassen, sodass die Kartoffeln gar werden.

**3** Den Eintopf mit Reis als Beilage servieren.

NIKUJAGA IST EIN LECKERER JAPANISCHER EINTOPF, DER IN MANGA UND ANIME OFT VON DEN HELDEN AUF EINER REISE VERZEHRT WIRD.

肉じゃが

# OISHII YASAI

## Saftiges Gemüse im Sud

**Für 4 Personen**

1 Aubergine
1 kleine Süßkartoffel
250 g Champignons
150 g Zuckererbsen

**Sud**
1 Tütchen Dashipulver (5 g)
800 ml Wasser
2 EL Sake
1 EL Zucker
3 EL Mirin
3 EL helle Sojasoße

**1** Die Aubergine gründlich waschen und putzen. Halbieren und die Hälften in 4 gleich dicke Streifen schneiden. Die Süßkartoffel schälen und in grobe Würfel schneiden. Die Champignons putzen, große Exemplare halbieren. Die Zuckererbsen waschen und eventuelle harte Stellen an der Schale abschneiden.

**2** Für den Sud alle Zutaten in einem Topf zum Kochen bringen. Das Gemüse hineingeben und 20 Minuten köcheln lassen.

**3** Das fertige Gemüse auf vier Schalen verteilen und mit etwas Brühe aus dem Topf anrichten. Das Gemüse schmeckt gut zu Reis.

> IN EINIGEN ASIA-MÄRKTEN GIBT ES KLEINERE, DÜNNE, HELLVIOLETTE AUBERGINEN.

> SIE SIND BESONDERS AROMATISCH, DAVON SOLLTE MAN ZWEI STÜCK VERWENDEN.

おいしい野菜

# OMURAISU

## Mit Hühnchen und Gemüse gefülltes japanisches Omelett

**Für 4 Personen**

150 g Sushireis
1 kleine Zwiebel
400 g Hähnchenbrustfilet
6 EL Pflanzenöl
1 Knoblauchzehe, gehackt
50 g Tiefkühl-Erbsen
80 g Mais aus der Dose
150 g Ketchup, und etwas mehr zum Garnieren
50 g Sahne
1 EL helle Sojasoße
8 Eier
Salz und Pfeffer

**1** Den Reis nach Anleitung (siehe Seite 28) mit 250 ml Wasser zubereiten und warm halten.

**2** Die Zwiebel schälen und würfeln, das Hähnchenbrustfilet in mundgerechte Stücke schneiden. 2 Esslöffel Öl in eine Pfanne geben und Zwiebel und Knoblauch darin dünsten, bis der Knoblauch anfängt zu duften. Das Fleisch zufügen und braten, bis es gar ist.

**3** Erbsen und Mais zum Fleisch geben und 1 Minute mitbraten. Ketchup, Sahne, Sojasoße, Salz und Pfeffer zugeben und alles gut vermischen. Den fertig gekochten Reis in die Soße einrühren. Die Reisfüllung mit Salz und Pfeffer abschmecken, beiseitestellen und warm halten.

**4** Die Pfanne auswischen und 1 Esslöffel Öl darin erhitzen. 2 Eier mit etwas Salz und Pfeffer in einer kleinen Schüssel leicht verquirlen. Sobald das Öl heiß genug ist, die Eier darin bei mittlerer Hitze als Omelett ausbacken. Ein Viertel der Reisfüllung in die Mitte des Omeletts geben und die Omelettseiten so weit wie möglich über die Füllung klappen. Das gefüllte Omelett auf einen Teller stürzen, sodass die offene Seite auf dem Tellerboden liegt und nur die geschlossene Seite von oben sichtbar ist. Mit restlichen Eiern und Füllung ebenso verfahren.

FÜR VEGETARIER DAS FLEISCH WEGLASSEN UND DURCH 250 GRAMM GEMÜSE WIE PAPRIKA, BROKKOLI (GEKOCHT), PILZE ODER AUBERGINE ERSETZEN.

オムライス

# MISO NO SÁMON

## Glasierter Misolachs mit Sesamtopping

**Für 4 Personen**

100 ml Mirin
3 EL helle Misopaste
2 EL Zucker
5 EL helle Sojasoße
500 g Lachsfilet,
in 4 Stücke geschnitten,
Tiefkühlware aufgetaut
1 EL weiße Sesamsaat

> SCHMECKT AUCH GUT IM BENTŌ! WER WILL, KANN VERSCHIEDENE GEMÜSESORTEN MIT IN DIE MARINADE GEBEN, ETWA FRISCHE CHAMPIGNONS UND BROKKOLI.

**1** Mirin, Misopaste, Zucker und Sojasoße in einer Schüssel verrühren und die Lachsstücke in der Marinade wenden. Die Schüssel mit Frischhaltefolie abdecken und 30 Minuten in den Kühlschrank stellen.

**2** Den Backofen auf 175 °C vorheizen. Eine Auflaufform mit Backpapier auslegen. Die Lachsstücke aus der Marinade nehmen und in der Auflaufform verteilen. Mit Sesam bestreuen. Die Auflaufform in den Ofen stellen und den Lachs 20 Minuten braten.

**3** Mit Reis servieren. Dazu passt eingelegter gelber Rettich (Takuwan, siehe Seite 9).

# みそのサーモン

# SUKIYAKI

## Göttliches japanisches Fondue mit Rindfleisch, Tofu und Gemüse

**Für 4 Personen**

200 g Naturtofu
1 Bund Enoki-Pilze
340 g Shirataki-Nudeln
½ große Zwiebel
2 Karotten
4 Frühlingszwiebeln
6 Blätter Chinakohl
400 g Sliced Beef, Tiefkühlware aufgetaut
6 Tiefkühl-Shiitake-Pilze, aufgetaut

**Brühe**

100 ml helle Sojasoße
3 EL Sake
3 EL Zucker
2 EL Mirin
500 ml Wasser

**1** Den Tofu zuerst längs und dann quer halbieren und in einer beschichteten Pfanne ohne Öl von allen Seiten kurz anbraten, sodass die 4 Stücke leicht gebräunt sind.

**2** Die Pilze waschen und die Stiele abschneiden. Die Shirataki-Nudeln in einem Sieb abspülen und gegebenenfalls den Knoten öffnen, sodass lange einzelne Nudeln entstehen. Abtropfen lassen. Zwiebel und Karotten schälen. Die Zwiebel in Halbringe, die Karotten in Scheiben und die Frühlingszwiebeln in 5 cm lange Stücke schneiden. Den Chinakohl in breite Streifen schneiden.

**3** Fleisch und Gemüse in einem breiten, flachen Topf anrichten. Dazu den Chinakohl auf den Boden legen und an einer Seite herausragen lassen. Die restlichen Zutaten in Stapeln oder Häufchen nebeneinander im Topf platzieren.

**4** Die Zutaten für die Brühe in einem Topf vermischen. Über die Zutaten im Topf gießen und zum Kochen bringen. Die Hitze reduzieren und und bei mittlerer Temperatur 15 Minuten köcheln.

**5** Den Topf auf den Tisch stellen und alles mit Reis servieren.

> BEIM SUKIYAKI NIMMT SICH JEDER NACH GESCHMACK FLEISCH UND GEMÜSE MIT EINER KELLE ODER MIT STÄBCHEN AUS DEM TOPF UND GIBT ES IN DIE SCHÜSSEL. DAZU ISST MAN REIS.

すき焼き

## Sushireis, die Grundlage für fantastische Sushis

**Für 4 Personen**

300 g Sushireis
500 ml Wasser
4 EL Su
2 EL Mirin
1 EL Zucker
1 Prise Salz

 Den Reis wie auf Seite 28 beschrieben zubereiten.

 Inzwischen Su, Mirin, Zucker und Salz in einem kleinen Topf erhitzen, bis sich der Zucker aufgelöst hat, und leicht abkühlen lassen.

 Den Reis in einer flachen Schale oder auf einem Tablett verteilen und die Essigmischung darübergießen. Mit einem Löffel den Reis wenden (nicht rühren!), damit die Essigmischung gleichmäßig einziehen kann.

 Den Reis vollständig abkühlen lassen. Dadurch kann sich die Würze entfalten und das Sushi erhält einen vollen Geschmack.

しゃり

# CHIRASHI-ZUSHI

**Einfaches Streu-Sushi**

**Für 4 Personen**

300 g Sushireis
500 ml Wasser
2 Knoblauchzehen
8 vorgekochte, geschälte Riesengarnelen (Black Tiger Prawn), Tiefkühlware aufgetaut
2 EL Pflanzenöl
3 Eier
2 EL Mirin
2 EL Sake
1 EL Sojasoße
1 EL Zucker
1 Avocado
¼ Gurke
50 g Takuwan (siehe Seite 9)
4 Frühlingszwiebeln
300 g Lachs in Sushiqualität
1 Blatt Sushinori, in 4 Stücke zerteilt
4 EL Lachskaviar
2 TL Wasabi

**1** Den Reis wie auf Seite 48 beschrieben zubereiten.

**2** Den Knoblauch schälen und in Scheiben schneiden. 1 Esslöffel Öl in einer Pfanne auf mittlerer Stufe erhitzen und Knoblauch und Garnelen darin 4 Minuten braten. Dabei gelegentlich umrühren.

**3** Eier, Mirin, Sake, Sojasoße und Zucker in einer Schüssel vermischen. 1 Esslöffel Öl in einer zweiten Pfanne erhitzen und die Eimischung zu Rührei braten.

**4** Die Avocado halbieren und das Fruchtfleisch herauslösen. Das Gurken- und Rettichstück der Länge nach halbieren. Avocadohälften, Gurke und Rettich in Scheiben, die Frühlingszwiebeln in Ringe schneiden. Den Lachs in dünne, mundgerechte Scheiben zerteilen.

**5** Den Reis auf vier Schüsseln verteilen und mit allen Zutaten gleichmäßig belegen, sodass ein schönes Arrangement entsteht.

WER KEINEN FISCH MAG, KANN SICH DEN REIS AUCH MIT ROASTBEEF UND VERSCHIEDENEN GEGARTEN GEMÜSESORTEN VON DEM REZEPT OISHII YASAI (SIEHE SEITE 38) BELEGEN.

散らし寿司

# NORIMAKI

## Vielseitig gefüllte Sushirollen

**Ergibt 4 Rollen**

1 Tsunamaki ツナ巻き
(Thunfischcremerolle)
1 Sāmonmaki サーモン巻き
(Lachsrolle)
1 Kappamaki カッパ巻き
(Gurkenrolle)
1 Piman no norimaki
ピマンののり巻き
(Paprikarolle)

300 g Sushireis
500 ml Wasser

½ Dose Thunfisch im eigenen Saft, abgetropft
Mayonnaise
1 Frühlingszwiebel
¼ Paprika
½ Gurke
50 g Lachs in Sushiqualität
4 Blätter Sushinori
Wasabi (nach Geschmack)
helle Sojasoße

**Weitere Utensilien**
Bambusmatte

**1** Den Reis wie auf Seite 48 beschrieben zubereiten.

**2** Für die Thunfischcremefüllung den Thunfisch mit so viel Mayonnaise vermischen, bis eine glatte Creme entstanden ist. Die Frühlingszwiebel in Ringe schneiden und unter die Thunfischcreme mischen.

**3** Für Paprika- und Gurkenmaki Paprika und Gurke in lange, feine Streifen schneiden. Die Haut vom Lachs dicht entlang des Fleisches abschneiden und dieses in lange, dünne Streifen schneiden.

**4** Jedes Noriblatt mit der glänzenden Seite nach unten auf die Bambusmatte legen. Die Hände anfeuchten und das Blatt zu zwei Dritteln gleichmäßig flach mit Sushireis bedecken – das Blatt sollte noch leicht zu sehen sein. Den Reis bis an die Ränder verteilen, damit die Rolle später überall gleich dick ist (abgesehen von dem oberen Drittel, das frei bleibt).

**5** In die Mitte des Blattes auf den Reis nach Geschmack einen sehr dünnen Streifen Wasabi streichen. Darauf die Füllung für die jeweilige Rolle wie beispielsweise Lachs in einem Streifen verteilen.

**6** Die Bambusmatte nun von unten, also von der Reisseite anheben und so rollen, dass der Anfang der Matte dort aufkommt, wo der Reis auf dem Noriblatt endet. Weiter aufrollen. Das gerollte Sushi mit der Matte noch einmal vorsichtig, aber fest zusammendrücken.

**7** Das Noristück ohne Reis sollte am Noristück mit Reis kleben. Ist dies nicht der Fall, das Stück mit etwas Wasser befeuchten und festdrücken.

**8** Die Rolle kurz ruhen lassen, dann mit einem scharfen Messer in 8 gleich große Stücke schneiden. Auf diese Weise die 3 anderen Sushirollen zubereiten.

Die fertigen, kleinen Sushihäppchen mit Wasabi und Sojasoße servieren.

のり巻き

## Inside-out-Sushi/California Roll

**Ergibt 4 Rollen**

300 g Sushireis
500 ml Wasser

10 Stücke Surimi (Krebsfleischimitat)
1 Avocado
4 Blätter Sushinori
Mayonnaise
Sesamsaat oder Fliegenfischrogen, zum Garnieren (nach Belieben)

**Weitere Utensilien**
Bambusmatte
Frischhaltefolie

 Den Reis wie auf Seite 48 beschrieben zubereiten.

 2 Surimistücke halbieren. Die Avocado halbieren und schälen und jede Hälfte in Streifen schneiden.

 Die Bambusmatte komplett mit Frischhaltefolie umwickeln. Ein Drittel jedes Noriblattes mit der Schere abschneiden. Ein Noriblatt mit der glänzenden Seite nach unten auf die Arbeitsfläche legen. Die Hände anfeuchten und das Blatt gleichmäßig flach mit Sushireis bedecken. Den Reis bis an die Ränder verteilen, damit die Rolle später überall gleich dick ist. Nach Geschmack Sesamsaat oder Rogen auf den Reis streuen.

 Das Noriblatt vorsichtig wenden und mit der Reisseite unten mittig auf die vorbereitete Bambusmatte legen. Auf die Noriblattseite je ein Viertel von Surimi und Avocado mittig in einem Streifen platzieren und mit etwas Mayonnaise bestreichen.

 Die Bambusmatte von unten nach oben (also von dir weg) aufrollen, sodass sich die beiden Enden treffen. Vorsichtig, aber fest zusammendrücken, dabei eine Hand leicht an den Rand drücken, damit der Reis schön fest in der Rolle bleibt. Die Sushirolle drehen und noch einmal festdrücken.

Die Bambusmatte entfernen und die Frischhaltefolie vorsichtig abziehen. Kurz ruhen lassen und die Rolle halbieren. Jede Hälfte in 3 Stücke schneiden. Dann die nächsten Rollen zubereiten. Die Rollen auf einem Teller hübsch anrichten und servieren.

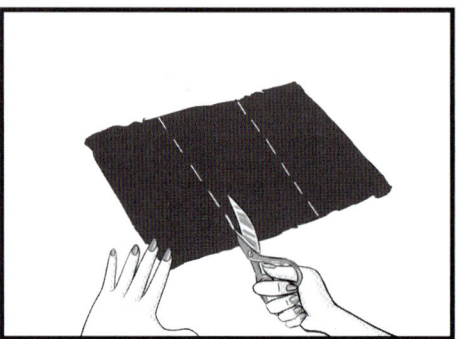
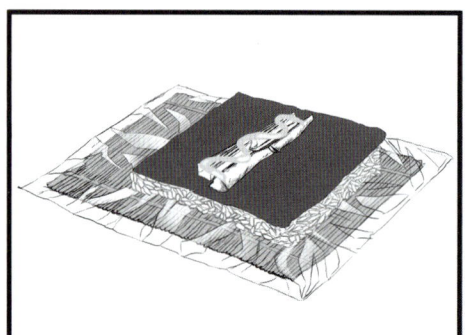
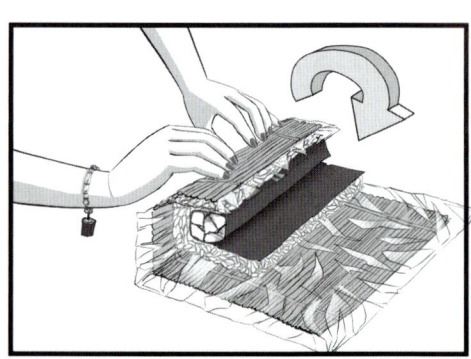

# FURIKAKE

**Vielseitig einsetzbare japanische Würzmischung gegen triste Speisen**

**Für ein 250-ml-Glas**

1 Karotte
2 Frühlingszwiebeln
50 g helle Sesamsaat
1 EL helle Sojasoße
1 EL Sake
2 EL Mirin
1 Blatt Sushinori

**1** Die Karotte schälen und grob reiben. Die Frühlingszwiebeln waschen, trocken tupfen und in Ringe schneiden.

**2** Karottenraspel, Frühlingszwiebelringe, Sesam, Sojasoße, Sake und Mirin in einer Schüssel mischen.

**3** Ein Backblech mit Backpapier auslegen. Die Mischung auf dem Backblech verteilen und flach andrücken. Damit die Streuwürze von allen Seiten trocknen kann, dürfen die Zutaten nicht aneinanderkleben, es sollten möglichst viele Lücken bleiben.

**4** Das Backblech in den Backofen schieben und die Streuwürze darin bei 100 °C etwa 60 Minuten trocknen. Dabei alle 15 Minuten einmal umrühren, dann wieder flach ausbreiten und weitertrocknen.

**5** Das Backblech aus dem Ofen nehmen und alles komplett abkühlen lassen. Dann den Inhalt in ein Schraubglas füllen. Das Noriblatt mit einer Schere in sehr kleine Flocken schneiden und in das Glas geben. Zum Vermischen kräftig schütteln. Furikake hält sich, wenn es gut durchgetrocknet ist, bis zu 4 Wochen.

ふりかけ

## Fantastisch gefüllte Reisbällchen mit Suchtpotenzial

**Ergibt je 4 Onigiri**

**Hähnchen-Füllung**
300 g Sushireis
500 ml Wasser
200 g Hähnchenbrustfilet,
in sehr kleine Stücke geschnitten
4 EL Sojasoße
2 EL Mirin
1 EL Essig
1 Knoblauchzehe, gehackt
1 EL Zucker
1 EL Sesamöl
1 kleine Zwiebel,
in Streifen geschnitten
4 Blätter Sushinori
(nach Belieben)

**Lachs-Mayo-Füllung**
200 g Sushireis
320 ml Wasser
1 EL Pflanzenöl
125 g Lachsfilet,
Tiefkühlware aufgetaut
50 g Mayonnaise
1 Prise Salz
4 Blätter Sushinori

**Gemüse-Onigiri**
200 g Sushireis
320 ml Wasser
3 EL Furikake
(siehe Seite 58)
1 Blatt Sushinori

 Für jede Onigirisorte den Reis wie auf Seite 28 beschrieben zubereiten und abkühlen lassen.

 Für die Hähnchenfüllung Fleisch, Sojasoße, Mirin, Essig, Knoblauch, Zucker, Sesamöl und Zwiebel in einer Schüssel vermengen und 15 Minuten ziehen lassen. Eine Pfanne erhitzen und die Hähnchenfleischmischung hineingeben. Unter häufigem Rühren braten, bis das Fleisch gar ist. Beiseitestellen und abkühlen lassen.

 Für die Lachs-Mayo-Füllung eine Pfanne auf mittlerer Stufe erhitzen und das Öl hineingeben. Wenn das Öl heiß ist, das Lachsfilet darin von jeder Seite 2–6 Minuten braten, bis es gar ist. Die Garzeit hängt von der Dicke des Filets ab. Den Lachs abkühlen lassen und in einer Schüssel mit einer Gabel grob zerkleinern. Mayonnaise und Salz unterrühren.

 Um die Onigiri herzustellen den Reis mit 1 Prise Salz vermischen und in vier Portionen plus einer Mini-Portion aufteilen. Zu vier Bällchen formen. In jedes Bällchen eine große Mulde drücken und in diese ein Viertel der jeweiligen Füllung hineingeben. Mit der Mini-Portion Reis die Füllung bedecken. Dann den Reis vorsichtig fest zusammendrücken, sodass sich die Mulde schließt und die Füllung umschlossen ist. Nun den Reis zu einem Dreieck formen, indem man ihn zwischen den Händen dreht und festdrückt. Jedes Onigiri mit einem halben Noriblatt umwickeln.

 Für die Gemüse-Onigiri den gegarten Reis mit Furikake vermischen und zu 4 Reisbällchen formen. Nun den Reis zu einem Dreieck formen, indem man ihn zwischen den Händen dreht und festdrückt. Jedes Onigiri mit einem halben Noriblatt umwickeln.

# RAMEN BAGA

## Saftiger Hamburger trifft Nudelsuppe

**Ergibt 4 Burger**

**Burger-Brötchen**
4 Nester Mie-Nudeln (à 80 g)
4 Eier
2 EL Pflanzenöl, zum Braten

**Belag**
Mayonnaise
4 Salatblätter
Barbecuesoße
4 Scheiben Käse
1 Zwiebel, in Ringe geschnitten
1 Tomate, in Scheiben geschnitten
Ketchup

**Burgerfrikadellen**
500 g gemischtes Hackfleisch
1 Ei
½ Zwiebel, fein gehackt oder gerieben
1 EL Senf
2 TL helle Sojasoße
Salz und Pfeffer
4 EL Pflanzenöl, zum Braten

1. Jedes Mie-Nudelnest in einer separaten Schüssel mit kochendem Wasser übergießen und abgedeckt 3 Minuten ziehen lassen. Das Wasser abgießen und die Nudeln abkühlen lassen.

2. In jede Schüssel ein Ei aufschlagen und mit den Nudeln vermischen. 8 Stücke Frischhaltefolie vorbereiten. Je die Hälfte der Nudeln aus einer Schüssel auf ein Stück Frischhaltefolie legen und zu einem Burgerbrötchen formen. Fest in die Folie einwickeln und flach drücken. 15 Minuten ins Gefrierfach legen.

3. Für die Burgerfrikadellen alle Zutaten gut vermischen und vier Burger daraus formen. Die Burger flach drücken, am Rand sollten sie dabei etwas dicker sein, da beim Braten die Mitte stark aufgeht.

4. Das Öl in einer Pfanne auf mittlerer Stufe erhitzen und die Burger darin von einer Seite 5 Minuten braten. Wenden und weitere 4 Minuten braten. Aus der Pfanne nehmen und warm halten.

5. Die Pfanne mit Küchenpapier auswischen und das Öl darin auf mittlerer Stufe erhitzen. Die Nudelnester aus dem Tiefkühlfach nehmen, vorsichtig öffnen und direkt ins Öl geben. Von jeder Seite 3 Minuten braten, sodass schöne „Burger-Brötchen" entstehen.

6. 4 Ramen-Burger-Brötchen mit Mayonnaise bestreichen, darauf jeweils ein Salatblatt und eine Frikadelle setzen. Diese mit Barbecuesoße bestreichen, darüber Käse, Zwiebelringe und Tomatenscheiben legen. Schließlich die restlichen vier Ramen-Burger-Brötchen mit Ketchup bestreichen und auf den Burger setzen. Heiß servieren.

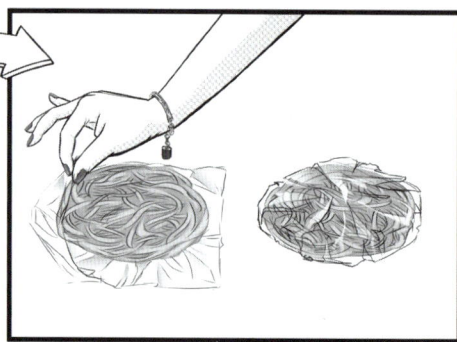
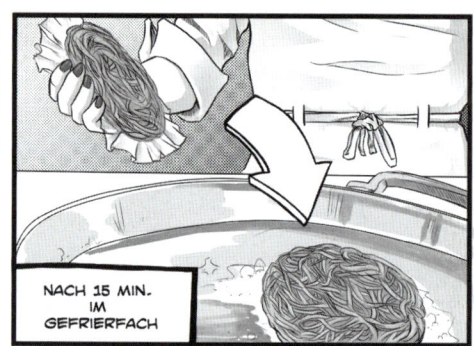

NACH 15 MIN. IM GEFRIERFACH

# TAKOYAKI

## Würzige Oktopusbällchen

**Ergibt 12 Stück**

60 g küchenfertiger Tintenfisch oder 6 geschälte kleine Garnelen, Tiefkühlware aufgetaut
120 g Mehl
1 TL Backpulver
1 Frühlingszwiebel
1 Ei
1 EL helle Sojasoße
100 ml Wasser
1 Tütchen Dashipulver (5 g)
30 g Beni Shoga oder
15 g rosa Gari, in kleine Stücke geschnitten
Tonkatsusoße, ersatzweise Okonomiyakisoße
Mayonnaise
Aonori
(nach Geschmack)

**Weitere Utensilien**
elektrischer Cake-Pop-Maker

 Tintenfisch oder Garnelen in einem Topf mit kochendem Wasser gar kochen. Mehl und Backpulver in einer Schüssel vermischen. Die Frühlingszwiebel in Ringe schneiden. Ei, Sojasoße, Wasser, Dashipulver, Frühlingszwiebel und Beni Shoga oder Gari mit der Mehlmischung zu einem glatten Teig verrühren.

 Die Garnelen halbieren, sodass 12 Stücke entstehen oder den Tintenfisch in 12 Stücke schneiden. In jede Vertiefung des kalten Cake-Pop-Makers etwas Teig geben, dann die Tintenfisch- bzw. Garnelenstücke in die Vertiefung setzen und mit so viel Teig bedecken, dass der Rand der Vertiefung erreicht wird. Den Cake-Pop-Maker anstellen und backen lassen, bis die grüne Kontrolllampe leuchtet bzw. bis der Teig gar ist.

Die Takoyaki aus dem Cake-Pop-Maker nehmen. Eventuell überstehenden Teig vorsichtig entfernen. Die Bällchen auf einen Teller setzen und mit Tonkatsusoße und Mayonnaise beträufeln. Nach Belieben mit Aonori bestreuen.

AM ANFANG KANN ES PASSIEREN, DASS ZU VIEL TEIG GENOMMEN WIRD UND DIE TAKOYAKI BEIM BACKEN ZUSAMMENKLEBEN.

ABER NICHT VERZWEIFELN, ÜBUNG MACHT AUCH HIER DEN MEISTER! NACH EIN PAAR VERSUCHEN HAT MAN DEN DREH FÜR DIE RICHTIGE TEIGMENGE RAUS!

たこ焼き

# EBI TEMPURA

## Gebackene Riesengarnelen im Tempurateig

**Ergibt 8 Stück**

16 rohe Riesengarnelen (Black Tiger Prawn), Tiefkühlware aufgetaut
50 g Mehl
600 ml Öl, zum Frittieren

**Teig**
150 g Mehl
200 ml kaltes Wasser
1 Ei
8 Eiswürfel

**Dip**
120 ml Wasser
½ TL Dashipulver
2 EL Mirin
2 EL Sojasoße
1 TL Zucker
50 g fein geriebener weißer Rettich, zum Servieren

**1** Die Garnelen vorsichtig aus der Schale lösen. Dabei das Schwanzende jedoch intakt lassen. Dann die Garnelen am Bauch 3–4-mal einschneiden, sodass sie sich beim Frittieren nicht einrollen, sondern eine lange, gerade Form behalten.

**2** Die Zutaten für den Teig vorsichtig verrühren. Der Teig sollte nicht geschlagen werden und zu glatt sein – Klümpchen sind erwünscht.

**3** Das Öl bei mittlerer Hitze in einem Topf erwärmen. Es sollte nicht heißer als 170 °C werden. Mit einem Holzstäbchen kann man testen, ob das Öl heiß genug. Dazu das Holzstäbchen in das Öl halten, wenn sich Bläschen daran bilden, ist das Öl heiß genug.

**4** Die Garnelen im Mehl wenden und dann in den Teig tauchen. Die mit dem Teig ummantelten Garnelen einzeln ins Öl geben, sodass die Stücke beim Frittieren nicht zusammenkleben. So lange frittieren, bis der Teig knusprig und goldbraun ist.

**5** Die Tempurastücke mit einem Schaumlöffel aus dem Öl heben und auf Küchenpapier abtropfen lassen.

**6** Zum Servieren die Zutaten für den Dip vermischen und in kleine Schälchen füllen. Je ein Häufchen Rettich, der nach Geschmack mit dem Dip vermischt werden kann, an den Rand der Schale setzen und zum Tempura reichen.

TEMPURA KANN AUF DIESELBE ART AUCH MIT GRÖSSEREN FISCHSTÜCKEN ODER MIT GEMÜSESCHEIBEN ZUBEREITET WERDEN. DAFÜR EIGNEN SICH SÜSSKARTOFFELN, KÜRBIS, AUBERGINEN, ZUCCHINI USW.

エビ天ぷら

# YAKISOBA PAN

**Mit köstlichen Bratnudeln gefülltes Hot-Dog-Brötchen zum Mitnehmen**

**Ergibt 4 Stück**

½ kleine Zwiebel
50 g Karotten
100 g Weißkohl
2 EL Pflanzenöl
150 g Schweinegeschnetzeltes
1 Päckchen Instant-Yakisoba mit Würzmischung
4 Hot-Dog-Brötchen

**Zum Garnieren**
Mayonnaise
Aonori
Beni Shoga

> YAKISOBA PAN KANN MAN AUCH SUPER MIT IN DIE SCHULE, UNI ODER INS BÜRO NEHMEN. DAZU EINFACH AM VORABEND ZUBEREITEN UND FEST IN FRISCHHALTEFOLIE WICKELN. IM KÜHLSCHRANK AUFBEWAHREN.

**1** Zwiebel und Karotte schälen. Die Zwiebel in Halbringe und die Karotte in Scheiben schneiden. Den Kohl in kleine Stücke schneiden.

**2** Das Öl auf mittlerer Stufe in einer Pfanne erhitzen und das Schweinefleisch darin braten, bis es gar ist. Karotte, Zwiebel und Kohl zufügen und unter gelegentlichem Rühren 3 Minuten mitbraten. Die Mischung an den Rand schieben.

**3** Yakisoba-Nudeln und Wasser (nach Packungsanleitung) in die Pfanne geben und so lange dünsten, bis das Wasser fast komplett verdampft ist. Dann die Würzmischung hinzugeben und den gesamten Pfanneninhalt gut vermengen.

**4** Die Hot-Dog-Brötchen an der Seite einschneiden. Die Yakisoba-Schweinefleisch-Mischung gleichmäßig auf die Brötchen verteilen und mit Mayonnaise bestreichen. Mit Aonori bestreuen und mit Beni shoga belegen. Sofort servieren.

焼きそばパン

# YAKITORI

## Saftig mariniertes Hühnchenfleisch am Spieß

**Ergibt 8 Spieße**

600 g Hähnchenbrustfilet
6 EL Sojasoße
2 EL Mirin
2 EL Zucker
8 Frühlingszwiebeln
Pflanzenöl, zum Braten in der Pfanne

**Weitere Utensilien**

8 Bambusspieße oder Holzspieße

**1** Das Hähnchenfleisch in größere, mundgerechte Stücke schneiden, sodass sie auf den Holzspieß passen.

**2** Sojasoße, Mirin und Zucker in einer Schüssel mit einem Schneebesen so lange verrühren, bis sich der Zucker aufgelöst hat. Das Fleisch in der Marinade wenden. Die Schüssel abdecken und 1 Stunde im Kühlschrank ziehen lassen. Inzwischen die Holzspieße wässern, damit sie nicht anbrennen.

**3** Jede Frühlingszwiebel in 4 lange Stücke schneiden. Die Fleischstücke aus der Marinade nehmen und mit den Frühlingszwiebeln auf die 8 Holzspieße verteilen.

**4** Bei der traditionellen Zubereitung auf dem Grill die Spieße auf den heißen Grill legen und immer wieder wenden. Sobald das Fleisch innen nicht mehr rosa ist, kann es serviert werden.

**5** Bei der Zubereitung in der Pfanne (z. B. im Winter) Öl in einer Pfanne auf mittlerer Stufe erhitzen. Die Hitze reduzieren und die Spieße darin so lange garen, bis das Fleisch innen nicht mehr rosa ist. Sofort heiß servieren.

> DAZU PASSEN VIELE VERSCHIEDENE SOSSEN, ZUM BEISPIEL SÜSSSAUER ODER BARBECUE.

焼き鳥

# SÜSSSPEISEN

# AI NO HI NO CHOKKO

## Selbstgemachte Valentinsschokolade

**Ergibt 1 Schokoladenherz mit 10 cm ⌀**

50 g Kakaobutter (Biomarkt), in Stücke gebrochen
30 g Kakaopulver
40 g Puderzucker
weiße Zuckerschrift

**Füllungen**
Nüsse
Kekse
Schokolinsen
getrocknete Früchte

**Weitere Utensilien**
Silikon-Herzform mit 10 cm ⌀

> BEI DER FÜLLUNG SIND KEINE GRENZEN GESETZT! WERDE KREATIV!

**1** Wasser in einem kleinen Topf zum Kochen bringen und das Wasser ganz leicht köcheln lassen. Eine hitzebeständige Schüssel, die auf den Topf passt, daraufsetzen und mit in die Kakaobutter hineingeben. Unter Rühren schmelzen.

**2** Kakaopulver und Puderzucker vermischen und in eine Schüssel sieben. Mit einem Schneebesen vollständig in die geschmolzene Kakaobutter rühren. Die Masse in die Silikonform füllen und die Oberfläche glatt streichen. Abkühlen lassen und mit Frischhaltefolie abdecken. Mindestens 1 Tag aushärten lassen.

**3** Die feste Schokolade vorsichtig aus der Silikonform lösen und mit der schönen Seite nach oben auf einen Teller legen. Mit Zuckerschrift verzieren.

**4** Besonders lecker wird die Schokolade, wenn man sie mit verschiedenen Zutaten füllt. Dazu beispielsweise Nüsse, Kekse oder getrocknete Früchte hacken und mit in Kakaobutter geben. Alles gut vermischen und in die Silikonform füllen. Wer Schokolinsen hinzufügen möchte, sollte diese direkt in die Schokolade drücken.

**5** In einer hübschen Box zum Valentinstag verschenken oder selbst genießen.

愛の日のチョコ

75

## Süßes Sushi mit Schoko-Bananen-Füllung

**Ergibt 4 Rollen**

125 g Sushireis
500 ml Milch
2 EL Zucker

**Teig**
125 g Mehl
250 g Milch
1 Ei
2 EL Zucker
3 EL Kakao
1 EL Öl, zum Braten

**Füllung**
1 Banane
Schokoladensoße

**Weitere Utensilien**
Bambusmatte

 Den Reis wie auf Seite 28 beschrieben waschen.

 Den gewaschenen Reis mit Milch und Zucker in einen Topf geben und zum Kochen bringen. Die Milch bei kleiner bis mittlerer Hitze langsam zum Kochen bringen und ein paar Minuten kochen lassen. Den Herd auf sehr kleine Stufe stellen und den Deckel aufsetzen. Den Reis unter gelegentlichem Rühren und Probieren garen, bis er weich ist. Dann den Milchreis abkühlen lassen.

 Die Banane schälen und in 4 lange, dünne Streifen schneiden

 Die Zutaten für den Teig mit einem Handmixer verrühren. Öl in einer Pfanne erhitzen und ein Viertel des Teiges in die Pfanne geben. Bei geringer Hitze nur von einer Seite 2 Minuten backen, bis der Pfannkuchen gar ist. Dadurch bleibt die Farbe der Oberseite schön gleichmäßig. Aus der Pfanne heben und drei weitere Pfannkuchen ausbacken.

 Die Pfannkuchen so knapp wie möglich zu einem Rechteck schneiden. Jeden Pfannkuchen mit der schönen Seite nach unten auf die Bambusmatte legen. Ein Viertel der Reismenge darauf verteilen und andrücken. In die Mitte einen Bananenstreifen und etwas Schokosoße geben. Die Bambusmatte aufrollen und fest zusammendrücken. Kurz ruhen lassen, dann die süße Sushirolle in 4–6 Stücke schneiden. Mit den restlichen Pfannkuchen ebenso verfahren. Die Pfannkuchenreste vom Zuschneiden klein schneiden, mit Schokosoße beträufeln und zum Sushi als Ingwerersatz reichen.

甘い寿司

## Japanische Crêpes mit dreierlei Füllung

**Ergibt 4 Crêpes**

**Teig**
125 g Mehl
250 ml Milch
1 Ei
2 EL Zucker

**Schoko-Bananen-Eis-Füllung**
2 Bananen
125 g Sahne
1 EL Zucker
4 Eiskugeln nach Wahl
Schokoladensoße
(nach Geschmack)

**Pfirsich-Sahne-Füllung**
1 kleine Dose Pfirsiche (420 g)
125 g Sahne
4 EL Zucker
1 TL Zimt

**Erdbeer-Kuchen-Füllung**
10–12 Erdbeeren
125 g Sahne
1 Tütchen Vanillezucker
4 Stücke Fertigkuchen, z. B. Brownies (ca. 160 g)

 Für den Teig alle Zutaten glatt rühren. Eine beschichtete Pfanne auf mittlerer Stufe erhitzen. Ein Viertel des Teigs (etwa eine Schöpfkelle) hineingeben, sodass der Pfannkuchen sehr dünn ist. Von jeder Seite 1 Minute ausbacken. So lange wiederholen, bis der Teig aufgebraucht ist. Das ergibt 4 Pfannkuchen.

 Für die **Schoko-Bananen-Eis-Füllung** die Bananen schälen und der Länge nach halbieren. Die Sahne mit dem Zucker steif schlagen und in einen Spritzbeutel geben. Auf einem Crêpe ein Sahnedreieck aufspritzen. An den Rand eine Bananenhälfte und in die Mitte eine Kugel Eis legen. Nach Geschmack mit Schokoladensoße beträufeln. Den Crêpe aufrollen.

 Für die **Pfirsich-Sahne-Füllung** die Pfirsiche abtropfen lassen und in Scheiben schneiden. Die Sahne mit 2 Esslöffeln Zucker steif schlagen und in einen Spritzbeutel geben. Auf einen Crêpe ein Sahnedreieck aufspritzen. Den restlichen Zucker mit dem Zimt in einer kleinen Schüssel mischen. Ein Viertel der Pfirsichscheiben auf der Sahne verteilen, die Zimt-Zucker-Mischung drüberstreuen und den Crêpe aufrollen.

 Für die **Erdbeer-Kuchen-Füllung** die Erdbeeren in Scheiben schneiden. Die Sahne mit dem Vanillezucker steif schlagen und in einen Spritzbeutel geben. Auf einem Crêpe ein Sahnedreieck aufspritzen und ein Viertel des Kuchens darauf verteilen. Ein Viertel der Erdbeerscheiben um den Kuchen herum anordnen. Den Crêpe aufrollen.

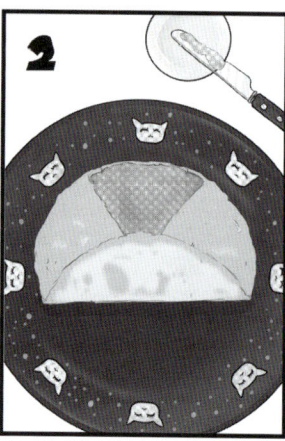

# ICHIGO KÉKI

**Leckere kleine Erdbeertörtchen ohne Backen**

**Ergibt 4 Törtchen**

**Boden**
100 g Butterkekse
75 g weiche Butter

**Erdbeercreme**
200 g Erdbeeren, Tiefkühlware aufgetaut, und 4 Erdbeeren zum Dekorieren
1 Tütchen gemahlene Gelatine
300 g Doppelrahmfrischkäse
75 g Zucker
1 Tütchen Vanillezucker
200 g weiße Schokolade

**Weitere Utensilien**
4 runde Backringe
mit 8 cm ⌀

 Für die Böden die Butterkekse in eine Plastiktüte füllen und mit einem Nudelholz zerdrücken und zu Krümeln zerkleinern. Kekskrümel und Butter in einer Schüssel so lange zu einem Teig kneten, bis die Keksstücke weich werden. Ein Tablett, das in den Kühlschrank passt, mit Backpapier belegen. Darauf die Backringe setzen. Den Teig auf die 4 Ringe aufteilen und fest an Boden und Wand andrücken. 1 Stunde im Kühlschrank fest werden lassen.

 Für die Erdbeercreme die Erdbeeren mit einem Stabmixer pürieren. Die Gelatine in einen kleinen Topf geben, 6 Esslöffel Wasser zufügen und 5 Minuten quellen lassen. Das Wasser auf mittlerer Stufe erhitzen, bis sich die Gelatine vollständig aufgelöst hat. Kurz abkühlen lassen.

 Frischkäse, Erdbeerpüree, Zucker und Vanillezucker mit einem Handmixer verrühren. 10 Esslöffel Erdbeermasse löffelweise in die Gelatine geben, dabei gut rühren, damit sich keine Klümpchen bilden. Dann die Gelatinemasse unter ständigem, schnellen Rühren zur Erdbeermasse geben und noch etwas weiterrühren. Die Erdbeermasse auf die 4 Backringe aufteilen und mindestens 3 Stunden kalt stellen, sodass die Masse fest werden kann.

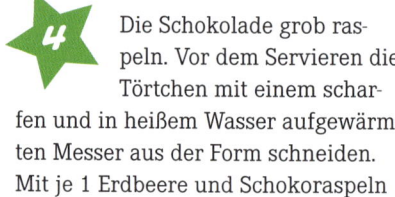 Die Schokolade grob raspeln. Vor dem Servieren die Törtchen mit einem scharfen und in heißem Wasser aufgewärmten Messer aus der Form schneiden. Mit je 1 Erdbeere und Schokoraspeln dekorieren.

IN JAPAN HAT KAUM JEMAND EINEN BACKOFEN, DAHER STELLEN WIR EINEN KUCHEN VOR, DEN MAN NICHT BACKEN MUSS. WER EINE GROSSE TORTE BRAUCHT, KANN DEN GANZEN KUCHEN IN EINER SPRINGFORM MIT 20 CM DURCHMESSER ZUBEREITEN. BEI EINER GRÖSSEREN BACKFORM DAS REZEPT FÜR DEN BODEN VERDOPPELN.

イチゴケーキ

## Süße Pandakekse

**Ergibt 28 Kekse**

350 g Mehl
200 g Butter
100 g Zucker
1 Ei
6 Tropfen Buttervanillearoma
1½ EL Kakaopulver

**1** Mehl, Butter, Zucker und Ei zu einem glatten Teig kneten. Ein Drittel des Teigs abnehmen und mit dem Kakaopulver vermengen, bis der Teig gleichmäßig eingefärbt ist. Den restlichen Teig mit dem Vanillearoma vermengen. Die beiden Teigsorten getrennt in Frischhaltefolie wickeln und 1 Stunde in den Kühlschrank legen.

**2** Den Backofen auf 180 °C vorheizen. Ein Backblech mit Backpapier auslegen. Aus dem hellen Teig 28 Kugeln formen. Diese zwischen den Handflächen zu einem runden Gesicht flach drücken und mit ausreichend Abstand aufs Backpapier legen. Für die Pandagesichter aus dem dunklen Teig 4 kleine Kugeln und eine noch kleinere Kugel formen. Zwei der Kugeln als Ohren an den Kopf drücken und flach drücken, die anderen zwei länglich flach gedrückt als Augen einsetzen. Die ganz kleine Kugel flach drücken und als Nase auf dem Gesicht platzieren.

**3** Die Kekse 10–12 Minuten im Ofen backen. Aus dem Ofen nehmen und vollständig abkühlen lassen, dann erst vom Blech nehmen. Nach dem Backen sind die Kekse zunächst noch etwas weich und können leicht zerbrechen.

DIESE NIEDLICHEN KEKSE EIGNEN SICH WUNDERBAR FÜR EINE KLEINE TEEPARTY ODER EIN PICKNICK UND SIND IMMER EIN TOLLER HINGUCKER!

かわいいクッキー

# KURO NO AISUKURIMU

## Schwarze Eiscreme

**Ergibt 750 ml Eiscreme**

300 g Sahne
100 ml Milch
110 g schwarzes Sesampulver
4 Eigelb
300 g Zucker
1 Tütchen Bourbon-Vanillezucker
150 g Mascarpone

**Kuroneko sandē**
くろねこサンデー
(Schwarze-Katze-Eisbecher)
100 g Butterkekse
100 g Sahne
½ Tütchen Vanillezucker
schwarzes Sesameis
1 Kiwi
4 Erdbeeren
1 Orange
Schokoladensoße und
Schokosticks, zum Dekorieren

**1** Sahne, Milch und Sesampulver in einem Topf vermischen und zum Kochen bringen. 5 Minuten köcheln, dann abkühlen lassen.

**2** Eigelb, Zucker und Vanillezucker cremig schlagen. Die Sesammischung durch ein Sieb zur Eimasse streichen. Den Mascarpone unterheben und alles mit einem Handmixer verrühren.

**3** Die Eismasse in der Eismaschine zubereiten oder in eine Gefrierdose mit Deckel füllen. Diese Dose ins Gefrierfach legen. Wer es besonders cremig mag, sollte die ersten 3 Stunden einmal pro Stunde das Eis in der Dose durchrühren.

**4** Die Butterkekse in einer Tüte zu Krümeln zerdrücken. Die Kiwi schälen, die Erdbeeren putzen, dann alle Früchte in Scheiben schneiden. Die Sahne mit dem Vanillezucker steif schlagen.

**5** Für den Eisbecher zuerst das schwarze Eis, dann Butterkekse und schließlich Sahne in den Eisbecher schichten. Mit 2–3 Eiskugeln und etwas Sahne toppen. Mit Fruchtscheiben, Schokosoße und Schokosticks dekorieren und genießen.

SCHWARZE SPEISEN SIND IN JAPAN TREND! EINE SCHWARZE KUGEL EIS IST AUF JEDEM TELLER EIN HINGUCKER. ÜBRIGENS HAT DAS EIS EINEN NUSSIGEN GESCHMACK.

# 黒のアイスクリーム

# MATCHA PUDINGU

## Samtig grüner Teepudding mit weißer Schokoladensoße

**Ergibt 1 große oder 4 kleine Schüsseln**

2 EL Matcha-Pulver
35 g Speisestärke
70 g Zucker
500 ml Milch
250 g Sahne
1 Vanilleschote
100 g weiße Schokolade

**1** Matcha mit Stärke und Zucker vermischen. Dann 100 ml Milch hinzufügen und verrühren, bis keine Klümpchen mehr zu sehen sind. Die restliche Milch und 200 g Sahne in einen Topf geben. Die Vanilleschote aufschneiden und mit dem Messerrücken das Mark herauskratzen. Vanillemark mit Schote zur Milch in den Topf geben und alles zum Kochen bringen.

**2** Die Vanilleschote aus dem Topf nehmen. Den Topf vom Herd nehmen und unter ständigem Rühren die Matcha-Milch-Mischung zugießen. Den Topf noch einmal auf den Herd stellen und alles unter ständigem Rühren kurz aufkochen.

**3** Den Pudding in eine große Schüssel oder 4 kleine füllen und abkühlen lassen. Vor dem Servieren die Schokosoße zubereiten. Dazu die Schokolade in der Mikrowelle 1 Minuten schmelzen und die restliche Sahne zugeben. Mit einem Löffel verrühren, bis sich die Schokolade vollständig aufgelöst hat. Die Soße über den Pudding gießen.

抹茶プディング

## Melonenbrötchen

**Ergibt 8 Brötchen**

**Keksteig**
300 g Mehl
100 g Butter
1 Ei
100 g Zucker
50 ml Wassermelonensaft
2 TL Backpulver

**Weicher Innenteig**
50 g Butter
200 ml Milch
½ Hefewürfel
300 g Mehl
50 g Zucker
1 TL Salz

**1** Zunächst den Keksteig als äußeren Teig zubereiten. Dazu alle Zutaten zu einem glatten Teig verkneten. Diesen in Frischhaltefolie wickeln und in den Kühlschrank legen.

**2** Für den Innenteig Butter und Milch in einem Topf erhitzen, bis die Butter geschmolzen ist. Den Topf von der Herdplatte nehmen und abkühlen lassen, bis alles lauwarm ist. Wenn es zu heiß ist, treibt die Hefe nicht. Die Hefe in die Butter-Milch-Mischung einrühren, bis sich die Hefe vollständig aufgelöst hat.

**3** Mehl, Zucker und Salz in einer Schüssel vermischen. Die Hefe-Milch zufügen und alles zu einem glatten Teig verarbeiten. Den Teig in die Schüssel geben, mit einem sauberen Küchentuch abdecken und an einem warmen Ort 1 Stunde gehen lassen.

**4** Aus dem Keksteig 8 Kugeln formen. Diese zu je einem Kreis ausrollen. Aus dem Innenteig ebenfalls 8 Kugeln formen und auf die ausgerollten Teigkreise setzen. Nun den Keksteig um die innere Kugel legen und gut verschließen. Leicht flach drücken. Auf die Oberseite mit einem Messer ein rautenförmiges Muster wie bei einer Melone einschneiden.

**5** Die Brötchen auf ein mit Backpapier ausgelegtes Blech legen, mit einem Handtuch bedecken und nochmals 30 Minuten an einem warmen Ort gehen lassen.

**6** Inzwischen den Backofen auf 180 °C vorheizen. Die Brötchen 18 Minuten auf der mittleren Schiene backen.

> DIESE BRÖTCHEN HEISSEN MELONENBRÖTCHEN, WEIL DAS MUSTER AN EINE CANTELOUPE-MELONE ERINNERT.

メロンパン

## Kleine Reiskuchen

**Ergibt 4 Mochi**

100 g Klebreismehl, und etwas mehr zum Wenden
160 ml Wasser
4 EL Zucker

**Schokofüllung**
4 Schokoladenstücke

**Matcha-Füllung**
1 TL Matchapulver

**Rote-Bohnen-Füllung**
4 TL Koshi-an (rote Bohnenpaste), zu Kugeln geformt

 Klebreismehl, Wasser und Zucker in einer mikrowellengeeigneten Schüssel vermischen.

 Die Schüssel mit Frischhaltefolie abdecken, in die Mikrowelle stellen und bei 750 Watt 4 Minuten erhitzen.

 Die Frischhaltefolie vorsichtig abnehmen (Achtung, heiß!). Auf der Arbeitsfläche etwas Klebreismehl verteilen. Den Teig mit einem Löffel daraufgeben und mit einem Messer in 4 Stücke schneiden. Diese im Klebreismehl wenden und zu einer Kugel formen. Dieses klassische Mochi kann heiß oder kalt gegessen werden.

 Für Mochi mit Schoko- oder Rote-Bohnen-Füllung den Teig nach dem Zerteilen leicht flach drücken. Je ein Schokoladenstück bzw. einen Teelöffel Koshi-an in die Mitte geben und mit dem Teig umschließen. Anschließend das Mochi im Mehl wenden.

Für Mochi mit Matcha-Füllung das Matchapulver mit Klebreismehl, Zucker und Wasser vermischen und mit Schritt 2 und 3 fortfahren.

もち

# AMAI SANDO-ICHI!

## Süße Früchtesandwiches

**Ergibt 4 Sandwiches**

150 g Sahne
1 Tütchen Vanillezucker
8 Scheiben Brioche,
in quadratische Stücke
geschnitten
1 Kiwi
1 Banane
6–7 Erdbeeren

 Die Sahne mit dem Vanillezucker steif schlagen. Den Rand der Briochescheiben abschneiden. Die Kiwi und die Banane schälen und die Erdbeeren putzen. Das Obst in Scheiben schneiden.

 Die Sahne auf den Briochescheiben verstreichen und diese mit den Obstscheiben belegen. Die restlichen 4 Briochescheiben auflegen. Jedes Sandwich halbieren und servieren. Zum Mitnehmen in Frischhaltefolie einwickeln und kühl lagern.

> BRIOCHE IST EIN FRANZÖSISCHES, SÜSSES BROT. DIESES REZEPT IST PRIMA FÜR ÜBERRASCHUNGSBESUCH. AUCH LECKER BEIM PICKNICK ODER IM BENTŌ!

甘いサンドイチ

# TAIYAKI

## Meerbrassengebäck mit verführerischem Kern

**Ergibt 4 Kuchen**

**Teig**
100 g Mehl
1 Ei
30 g Zucker
100 ml Milch
1 TL Backpulver
1 Prise Salz
4 Schokoladenstücke oder
4 TL Koshi-an, zum Füllen

**Vanillecreme-Füllung**
1 Eigelb
40 g Zucker
20 g Speisestärke
150 ml Milch
½ TL gemahlene Vanilleschote

**Weitere Utensilien**
Taiyaki-Eisen
Küchenpapier mit Pflanzenöl beträufelt

**1** Für den Teig die Zutaten in einer Schüssel glatt rühren. Das Taiyaki-Eisen auf einer passenden Herdplatte von beiden Seiten erhitzen. Das heiße Eisen öffnen und mit dem Küchenpapier einfetten.

**2** Für die Vanillecreme-Füllung Eigelb und Zucker mit einem Handmixer hell und dick aufschlagen. Die Stärke einrühren. Milch und Vanille in einem Topf zum Kochen bringen und vom Herd nehmen. Die Eimischung unter ständigem Rühren in die Milch geben und alles unter Rühren noch einmal aufkochen lassen.

**3** So viel Teig ins Eisen geben, dass der Bauch des Fisches gerade bedeckt ist. Eine Füllung nach Wahl hineingeben. Mit Teig bedecken, bis der Fisch gefüllt ist, und das Eisen schließen. Von jeder Seite 3 Minuten backen. Das Eisen vorsichtig öffnen und die Fische herausnehmen. Mit dem restlichen Teig die nächsten zwei Fische backen.

> DAS TAIYAKI-EISEN FUNKTIONIERT WIE EIN WAFFELEISEN UND IST ÜBERS INTERNET ERHÄLTLICH. AUCH ANDERE FÜLLUNGEN SIND MÖGLICH, WIE ETWA SCHOKOPUDDING, ERDNUSSBUTTER, NUSS-NUGAT-CREME, APFELMUS ODER HERZHAFT MIT CURRY (SIEHE SEITE 18) ODER SCHINKEN-KÄSE.

> DAS HIER IST EIN TAIYAKI-EISEN. KAUFEN KANN MAN ES Z.B. IM INTERNET.

鯛焼き

Curry
*Karē udon*
Udon-Nudeln in Currysuppe ........... 18

Ei
*Hiroshima-fū okonomiyaki*
Pfannkuchen nach Hiroshimaart ....... 34
*Omuraisu*
Gefülltes Omelett .................... 40
*Oyakodon*
Eltern-Kind-Schüssel ................. 30

Eis
*Kurepu*
Crêpes .............................. 78
*Kuro no aisukurīmu*
Schwarze Eiscreme .................... 84

Erdbeeren
*Amai sando-ichi*
Früchtesandwiches .................... 92
*Ichigo kēki*
Erdbeertörtchen ...................... 80
*Kurepu*
Crêpes .............................. 78
*Kuro no aisukurīmu*
Schwarze Eiscreme .................... 84

Fisch
*Chirashi-zushi*
Streu-Sushi .......................... 50
*Miso no sāmon*
Misolachs ............................ 42
*Norimaki*
Sushirollen .......................... 52
*Onigiri*
Gefüllte Reisbällchen ................ 60
*Uramaki*
Inside-out-Rolle ..................... 54

Fleisch
*Hayashi raisu*
Gemüse und Rindfleisch ............... 32
*Hiroshima-fū okonomiyaki*
Pfannkuchen nach Hiroshimaart ....... 34
*Gyūniku udon*
Udon-Nudeln mit Rindfleisch .......... 16
*Karē udon*
Udon-Nudeln in Currysuppe ........... 18
*Miso rāmen*
Nudelsuppe mit Miso .................. 24
*Nikujaga*
Kartoffeleintopf ..................... 36
*Omuraisu*
Gefülltes Omelett .................... 40
*Onigiri*
Gefüllte Reisbällchen ................ 60

*Oyakodon*
Eltern-Kind-Schüssel ................. 30
*Rāmen bāgā*
Nudel-Burger ......................... 62
*Shōyu rāmen*
Nudelsuppe mit Sojasoße .............. 22
*Sukiyaki*
Fondue ............................... 44
*Yakisoba pan*
Nudel-Hot-Dog ........................ 68
*Yakitori*
Hähnchenspieße ....................... 70

*Furikake*
Würzmischung ......................... 58

Kartoffeln
*Karē udon*
Udon-Nudeln in Currysuppe ........... 18
*Nikujaga*
Kartoffeleintopf ..................... 36
*Oishii yasai*
Gemüse im Sud ........................ 38

Kekse
*Ichigo kēki*
Erdbeertörtchen ...................... 80
*Kawaii kukkī*
Pandakekse ........................... 82
*Kuro no aisukurīmu*
Schwarze Eiscreme .................... 84

Meeresfrüchte
*Chirashi-zushi*
Streu-Sushi .......................... 50
*Ebi tempura*
Ausgebackene Riesengarnelen .......... 66
*Rāmen bāgā*
Nudel-Burger ......................... 62
*Uramaki*
Inside-out-Rolle ..................... 54

*Meron pan*
Melonenbrötchen ...................... 88

Miso
*Gyūniku udon*
Udonnnudeln mit Rindfleisch .......... 16
*Miso no sāmon*
Misolachs ............................ 42
*Miso rāmen*
Nudelsuppe mit Miso .................. 24
*Miso shiru*
Misosuppe ............................ 20

Nudeln
*Gyūniku udon*
Udonnnudeln mit Rindfleisch .......... 16
*Hiroshima-fū okonomiyaki*
Pfannkuchen nach Hiroshimaart ....... 34

*Karē udon*
Udon-Nudeln in Currysuppe ........... 18
*Miso rāmen*
Nudelsuppe mit Miso .................. 24
*Rāmen bāgā*
Nudel-Burger ......................... 62
*Shōyu rāmen*
Nudelsuppe mit Sojasoße .............. 22
*Sukiyaki*
Fondue ............................... 44
*Yakisoba pan*
Nudel-Hot-Dog ........................ 68

Pilze
*Gyūniku udon*
Udonnnudeln mit Rindfleisch .......... 16
*Hayashi raisu*
Gemüse und Rindfleisch ............... 32
*Oishii yasai*
Gemüse im Sud ........................ 38
*Sukiyaki*
Fondue ............................... 44

Reis
*Amai zushi*
Süßes Sushi .......................... 76
*Chirashi-zushi*
Streu-Sushi .......................... 50
*Gohan*
Reis ................................. 28
*Mochi*
Reiskuchen ........................... 90
*Norimaki*
Sushirollen .......................... 52
*Omuraisu*
Gefülltes Omelett .................... 40
*Onigiri*
Gefüllte Reisbällchen ................ 60
*Oyakodon*
Eltern-Kind-Schüssel ................. 30
*Shari*
Sushireis ............................ 48
*Uramaki*
Inside-out-Rolle ..................... 54

Schokolade
*Ai no hi no chokko*
Valentinsschokoladenherz ............. 74
*Amai zushi*
Süßes Sushi .......................... 76
*Kurepu*
Crêpes .............................. 78
*Matcha pudingu*
Grüner-Tee-Pudding ................... 86
*Mochi*
Reiskuchen ........................... 90
*Taiyaki*
Gebäck in Fischform .................. 94